AF311240

LE MUSÉE

MUNICIPAL
De BERNAY (Eure)

Son Origine & ses Développements depuis 1862
jusqu'au 1er Janvier 1878

PAR E. VEUCLIN

De la Société de l'Histoire de France — de la Société libre de l'Eure
de la Société de l'Histoire de Normandie
de la Société historique de Lisieux
de l'Association Normande, etc.

(Extrait de son Histoire de la Ville de Bernay, mss in-folio 1871-1878)

FAC-SIMILE AU DOUBLE D'EXÉCUTION, D'APRÈS UNE EMPREINTE A LA CIRE
DU SCEAU DE LA COMTÉ DE BERNAY, SOUSTRAIT DU MUSÉE EN 1872

ORBEC
Imprimerie-Librairie A. LEGRAND
1878

(6)

DU MÊME AUTEUR

Patois normand du pays d'Ouche, (traduction des fables de La Fontaine).

Glanes historiques sur la Normandie.

Histoire de la Ville de Bernay et des Communes du canton.

Le Fort français de Chambly (Canada).

Histoire d'un petit coin du Pays d'Ouche, (Le Pont-Echenfrei).

Saint-Vincent-de-Paul à Bernay, en 1650.

Les Vitraux de Saint-Martin-de-l'Aigle.

Quelques mots sur les Armoiries de Montreuil-l'Argillé.

Les Confréries des Captifs à Bernay et aux environs.

Les Vitraux de N.-D. de la Couture.

Les Antiquités de la ville de Bernay. (Eglise-Ste-Croix).

Etymologie du mot Bernay.

La fin de la célèbre Abbaye royale du Bec-Hellouin.

OUVRAGES MANUSCRITS SOUS PRESSE

Les Imagiers sur Verre en Normandie, au moyen-âge et à l'époque de la Renaissance.

Les anciennes Fortifications de Bernay.

Histoire des Guerres de Religion en Normandie, au XVIe siècle. — Les Huguenots à Bernay en 1562, et la Défaite des Gauthiers, en 1589, d'après des documents locaux inédits.

Visite de Louis IX, et de Marguerite de Provence à Bernay, en 1234,

Comment doit-être composé le Blason authentique de la Ville de Bernay.

Les Eaux minérales de Bernay.

LE MUSÉE

MUNICIPAL

De BERNAY (Eure)

Son Origine & ses Développements depuis 1862 jusqu'au 1ᵉʳ Janvier 1878

PAR E. VEUCLIN

De la Société de l'Histoire de France — de la Société libre de l'Eure
de la Société de l'Histoire de Normandie
de la Société historique de Lisieux
de l'Association Normande, etc.

(Extrait de son HISTOIRE DE LA VILLE DE BERNAY, mss in-folio 1871-1878)

FAC-SIMILE AU DOUBLE D'EXÉCUTION, D'APRÈS UNE EMPREINTE A LA CIRE
DU SCEAU DE LA COMTÉ DE BERNAY, SOUSTRAIT DU MUSÉE EN 1872

ORBEC
Imprimerie-Librairie A. LEGRAND
1878

Notes Rectificatives .

*Des Documents très-importants reçus au dernier moment,
nous obligent à intercaler ici ce feuillet.*

La pensée de créer un musée à Bernay remonte à
1857, et non à 1862, comme nous le disons plus loin.
Cette idée appartient à un artiste peintre étranger,
M. Raverat (1), qui a habité notre cité pendant plusieurs
années, « et dont l'aimable caractère et le talent — dit
l'auteur de la *Notice historique sur le Musée* — ont été,
il y a peu d'années encore, appréciés par de nombreux
amis qu'il possédait dans la contrée. »

En 1857, M. Raverat proposa donc à l'administration
municipale de l'époque d'établir à Bernay : 1° *un musée
de peinture et de sculpture* ; 2° *une école communale de
dessin (2).* Cette proposition fut *ajournée* par le Conseil
dans sa séance du 6 novembre de ladite année.

L'année suivante, la question d'ouvrir un local « des-
tiné à contenir les témoignages antiques de l'histoire
de notre contrée, » fut remise sur le tapis par M. Le
Métayer, ébroïcien récemment établi dans notre cité.

Par sa lettre du 24 octobre 1858, relative à des fouilles
qu'il se proposait de faire dans l'ancienne église abbatiale, cet archéologue zélé disait « que tout ce qui serait
recueilli par lui appartiendrait au musée de la ville (3) ».

---

(1) Raverat, élève distingué de Delacluze et d'Abel de Pujol, reçut plusieurs
récompenses pour ses tableaux justement remarqués à diverses expositions.

(2) Cette seconde proposition a été 18 ans a éclore et n'a été réalisée en 1876,
que grâce à la persévérance de M. V. Normand, professeur de dessin.

(3) De 1856 à 1831, M. Le Métayer a fait exécuter à la Madeleine de Bernay,
à Plasnes, à Menneval, à Berthouville, à Saint-Martin-des-Chesnets, etc., des
fouilles qui ont produit une grande quantité d'objets intéressants et précieux
qui, malheureusement, n'ont point profité à notre musée.

La *Revue des sciences* de 1858, fait aussi mention de ce projet de création de musée.

Probablement vers la même époque, « M. Le Métayer lisons-nous dans le *Manuel du bibliographe normand*, par E. Frère, offrit à la ville de Bernay, *pour en faire le commencement d'un musée*, une collection de 3,000 médailles romaines découvertes dans le département de l'Eure ; » pour une cause que nous ignorons, cette offre ne fut pas acceptée et nous le regrettons vivement.

De ce qui précède, il résulte donc que la ville de Bernay est une des premières de Normandie où ait germé, il y a 21 ans, l'idée de créer un musée public.

Introduction

Un charmant article de M. Sophronyme Loudier dans le Journal d'Orbec du 12 décembre, nous apprend la récente création d'un Musée municipal dans cette ville. Cette nouvelle nous est particulièrement agréable et nous félicitons sincèrement les hommes intelligents et les artistes qui prennent l'initiative de ces institutions, « qui rendent fières, » — a dit M. A. Jacquemart — « les villes qui les possèdent »

Nous souhaitons donc que les habitants d'Orbec et des environs aient la bonne pensée de répondre au chaleureux appel de leur compatriote, en donnant au musée quelques-uns des objets curieux qu'ils possèdent et qui peuvent offrir un intérèt local quelconque, soit au point de vue historique, archéologique ou artistique.

L'article de M. Loudier nous a suggéré la pensée de rappeler aussi les circonstances qui accompagnèrent la naissance du Musée de Bernay.

E. VEUCLIN.

Bernay, le 1er Janvier 1878.

LE MUSÉE

MUNICIPAL

DE BERNAY

En 1860, lors de la trouvaille, dans l'ancienne église abbatiale, d'une superbe crosse en cuivre ciselé et doré, il n'existait à Bernay ni musée, ni aucun objet d'art appartenant à la ville ; c'est pourquoi ce chef-d'œuvre de l'orfévrerie du XVᵉ siècle fut, par des circonstances assez singulières, offert au musée des Thermes et de l'hôtel de Cluny.

Ce ne fut que deux ans plus tard que furent jetés les premiers fondements du musée, par l'offrande que fit Mᵐᵉ veuve Ch. Lenormand, en 1862, d'une armoire renfermant les objets antiques trouvés en 1854, à la chapelle Saint-Eloi, et du buste de son mari.

M. Ch. Lenormand était très-lié avec une célébrité bernayenne et française, M. Auguste Le Prevost. — « Mon mari, — écrivait, le 18 février 1862, la donatrice « à M. le Maire de Bernay. — était extrêmement atta- « ché à la Normandie où son amitié pour M. Auguste « Leprevost avait contribué à le fixer.

« Des études communes, un ardent amour de la science « et une indépendance de caractère de plus en plus « rare avaient formé entre ces deux hommes éminents « le lien de sympathie et d'affection qui les unit d'une « manière inaltérable….. »

Au commencement de 1863, le gouvernement fit don de trois tableaux, d'un certain nombre de vases en terre cuite provenant du musée Campana et de plusieurs statues en plâtre.

Une somme de 870 fr. fut alors votée par le conseil municipal, le 6 mars pour servir à *l'organisation du musée*, à l'ameublement de la bibliothèque etc.

Au mois de mai suivant, d'autres dons du Gouvernement vinrent grossir le petit noyau de notre musée, qu'un heureux hasard mit en relief, voici comment :

Une exposition d'antiquités, d'objets d'art et de curiosités eut lieu au mois de juillet 1863, à l'occasion du congrès de l'Association normande, tenu en cette ville. Cette exposition, quoique improvisée pour ainsi dire, fut splendide et permit aux savants réunis au congrès, et aux nombreux visiteurs de constater les richesses artistiques que renfermait l'arrondissement.

Cette exhibition, dont la partie céramique fut l'objet d'un intéressant rapport de M. André Pottier, eut surtout pour immense résultat de réveiller le goût pour les antiquités et de faire désirer encore plus la fondation dans cette cité d'un musée municipal ainsi qu'il en existait déjà dans quelques villes normandes.

Quelques mois se passèrent pendant lesquels ce désir ne fit qu'augmenter et mûrir, et le 4 mars 1865, l'Administration municipale, composée de MM. Emile Focet, maire, E. Vy et Hache, adjoints ; Malbranche, secrétaire, Charlemaine, Dubus, Dulac de Fugères, Duroy, Fosse fils, Gonord jeune, Guérie, Hourdet, Lefebvre, Lemercier, Victor Marie, Motte, Pesnel, Philippe de Lalonde, Quemin, Renou, Simon, Valmont, vota une somme de 200 fr. pour organiser un *commencement de musée*, dans les pièces du rez-de-chaussée de l'hôtel-de-ville.

La petite somme allouée par l'administration municipale, promptement absorbée par les frais préliminaires d'installation, n'eût point permis d'obtenir un résultat sensible, si quelques citoyens dévoués, amateurs zélés, n'eussent organisé une loterie dont le succès répondit à leur attente. (1)

De nombreux dons furent offerts, la plupart par les promoteurs de l'œuvre, et la somme produite fut assez considérable, puisque ce fut grâce à elle seule, comme nous le verrons plus loin, que la ville fut dotée d'un musée.

Cependant, on ne trouvait aucune solution pour remplir le but tant désiré, lorsque l'année suivante, un enfant de Bernay, M. Alphonse Assegond, dont la collection d'objets d'art avait fait le plus bel ornement de l'exposition de 1863, eut à honneur de combler le désir d'un grand nombre de ses compatriotes, en offrant à sa ville natale, qu'il aimait sincèrement, d'augmenter subitement, considérablement et sans bourse délier pour ainsi dire, son *commencement de musée*, qui, depuis 1864, n'avait pris aucune extension.

Voici comment eut lieu cet événement important qui, selon la juste expression d'un des céramistes les plus distingués de la Normandie, M. Gouellain, « fut une cir- « constance mémorable pour les annales de cette ville. »

Par une lettre datée du 19 mai 1865, M. Assegond informa le conseil municipal de l'intention qu'il avait de céder à la ville, sous certaines conditions, la collection de tableaux, de faïences, divers meubles et objets artistiques qu'il avait composée. — Le même jour, le conseil municipal nomma une commission composée de MM. Victor Marie, Malbranche et Duroy, à l'effet d'examiner la collection proposée, de dresser une liste descriptive et l'estimation des objets la formant.

Cette commission, dont la composition fut confirmée dans la séance du 3 novembre suivant, s'adjoignit le

(1) Par arrêté du 18 février 1865, le préfet autorisa le maire de Bernay, à organiser une loterie de 3,000 billets à 1 fr., dont le produit devait être exclusivement consacré à l'institution d'un Musée, (REVUE DE NORMANDIE de 1865 et 1866.)

concours désintéressé de deux amateurs en renom, MM. André Pottier, conservateur de la bibliothèque et du cabinet des antiques de Rouen, et Gustave Gouellain, aussi de Rouen, lesquels estimèrent la collection de M. Assegond à la somme de 19,459 fr. chiffre qui, aujourd'hui, serait certainement doublé ; ces examen et estimation eurent lieu le 24 février 1866.

Le 6 avril suivant, la commission, par l'organe de M. Malbranche, conclut à l'adoption des offres de M. Assegond, qui étaient la cession de sa collection moyennant une rente annuelle et viagère de 1,000 francs ; et de remplir, sans aucune rémunération, les fonctions de conservateur du musée.

Hélas ! il nous en coûte de le dire, mais les conclusions de ce rapport ne furent point adoptées par les membres du conseil municipal présents à la séance du « 6 avril suivant. « Considérant, dit le procès-verbal..., « que, malgré l'intérêt que présente la collection de M. « Assegond et les conditions avantageuses sous les- « quelles il propose de la céder, la ville, vu l'état de ses » finances, *ne peut accepter* cette proposition.

« Est d'avis *qu'il n'y a lieu* d'acquérir la collection « dont il s'agit. »

Pour l'honneur de notre ville, les négociations, si fâcheusement interrompues, furent renouées avec succès par M. Emile Vy, premier adjoint, et qui, lors de la délibération précitée, était absent de Bernay. Le 5 mai suivant, M. Vy remit donc sur le tapis la question de l'acquisition par la ville de la collection proposée par M. Assegond, en exposant judicieusement que « si les « finances de la ville ne permettaient pas de les grever « à nouveau, on pourrait prélever, sur le produit de la « loterie qui avait récemment eu lieu pour l'organisa- « tion du musée, une somme de 2,000 fr. qui serait em- « ployée à l'acquit des annuités payables au 1er janvier « 1868 et au 1er janvier 1869, etc. »

Grâce à l'activité et aux puissants arguments de M. Vy, le Conseil municipal revint heureusement sur sa détermination première et, par douze voix contre huit, arrêta le même jour qu'*il y avait lieu* d'acquérir la collection de M. Assegond aux conditions ci-devant exprimées. M. Victor Marie s'abstint, nous ne savons pour quel motif, de prendre part à cette délibération, à laquelle M. Pesnel seul n'était pas présent.

Comme on le voit, ce ne fut pas sans quelques difficultés ni tiraillements que la ville de Bernay devint propriétaire d'une collection précieuse à plus d'un titre, collection connue, enviée et souvent citée dans des revues scientifiques, compte-rendus d'expositions artistiques, par les amateurs les plus éminents, tels que : MM. Riocreux, R. Bordeaux et tant d'autres ; collection dont un grand nombre de pièces, dans la partie céramique, ont été jugées dignes d'être reproduites et décrites dans les grands ouvrages spéciaux, notamment dans l'*Histoire de la Faïence de Rouen*, ouvrage posthume d'André Pottier, publié par MM. l'abbé Colas, Gouellain et R. Bordeaux ; dans l'*Histoire générale de la Faïence ancienne*, par Ris-Paquot ; dans le délicieux ouvrage de Raymond Bordeaux : *Les Brocs à cidre en faïence de Rouen* ; dans l'*Art pour tous*, etc., etc.

Les pièces les plus remarquables de la collection céramique qui nous occupe, ainsi que de la seconde que M. Assegond a réunie depuis, ont été aussi, sous sa direction, dessinées et coloriées avec un soin extrême par MM. Ecalard et de Montaut ; plusieurs ont été, en outre, photographiées par M. Doesnard et autres artistes ; ces nombreuses aquarelles et photographies, très-habilement exécutées, forment un splendide album grand in-folio, dont la valeur artistique et matérielle est inestimable.

Le plus beau témoignage en faveur de l'importance des objets acquis est certes l'appréciation suivante, de M. André Pottier :

« Je suis heureux — écrivait le 7 mai 1866, le maître
« des céramistes — de trouver l'occasion de consigner
« ici l'estime que j'ai conçue pour la belle collection de
« faïences rouennaises rassemblées par M. Assegond
« et pour le collectionneur lui-même. Guidé par un
« goût sûr et distingué, M. Assegond a presque toujours
« su reconnaître, parmi ces faïences, si multiples dans
« leur diversité, celles qu'un véritable cachet artistique
« caractérise, ou au moins celles qu'une singularité de
« forme ou d'emploi rend intéressantes, pour servir à
« l'histoire de la fabrication ou à celle des usages do-
« mestiques. On peut se placer à un autre point de vue
« que lui, envisager ces charmantes œuvres d'art in-
« dustriel sous un autre aspect, mais on ne saurait être
« guidé, dans le choix des objets d'art d'une collection,
« par un meilleur esprit, et réunir une série plus ex-
« quise de pièces, toujours intéressantes, souvent pré-
« cieuses, parmi lesquelles on en rencontre un certain
« nombre qui sont typiques, tout-à-fait exceptionnelles,
« et qui resteront l'éternel regret des amateurs qui n'ont
« pas su, au moment opportun, ou n'ont pas osé les
« conquérir. »

Aux objets cédés, M. Assegond en ajouta gratuitement
d'autres non moins intéressants ; sa générosité porta des
fruits, et le 5 novembre suivant, des remerciements furent votés par l'administration municipale aux donateurs
suivants : MM. le conservateur, Galopin, Constant
Jouvin, Casimir Lair, Liandier, Lottin de Laval, et Pull.

L'organisation du musée se fit lentement, mais se fit
bien : le 1ᵉʳ février 1867, le conseil décida à une majo-
rité de dix-sept voix contre quatre, d'affecter au musée
les deux salles du rez-de-chaussée de l'Hôtel-de-Ville,
et, en août suivant, il autorisa d'employer au travaux
d'appropriation dans lesdites salles, 87 francs devant
rester disponibles sur le produit de la loterie dont nous
avons parlé.

L'installation définitive des objets fut faite au mois d'octobre suivant, par les soins et aux frais de M. Assegond, et l'ouverture officielle et publique out lieu le 6 janvier 1868, sous l'administration de M. Simon, maire. Le musée devait être ouvert chaque dimanche, de midi à trois heures.

En 1868, une acquisition, qui fait le plus grand honneur à l'administration municipale de l'époque, fut faite pour le musée, par l'entremise généreuse et désintéressée du conservateur. Cette acquisition, *la seule réellement sérieuse qui ait eu lieu jusqu'à présent*, consista en un beau et bon portrait de M. de Giverville, prieur, curé de Bray, peint en 1760, par un artiste bernayen de grand talent, Michel-Hubert Descours, le père (1).

Les événements militaires de 1870 ayant nécessité l'installation d'un corps-de-garde dans le vestibule de l'Hôtel-de-Ville, notre musée fut forcément fermé au public.

Dans cette pénible circonstance, il convient de signaler avec éloges la sage pensée de la commission municipale composée de MM. Rousseau, président, Horlaville, Sevaistre, Fontaine, Ovide-Buisson, Gilles, Selle-Lemaitre, Malbranche et Fosse, qui, dans la séance d'octobre, considérant que les fenêtres de la salle du musée n'étaient garnies d'aucun volet ni panneaux pouvant protéger les objets précieux de la collection, que possède la ville, décida que ces fenêtres seraient garnies à l'intérieur de matelas épais susceptibles d'amortir les projectiles qui pourraient être lancés de l'extérieur.

Nous ignorons si cette prudente mesure fut exécutée ; nous savons seulement que malgré la résistance de Bernay lors de la mémorable journée du 21 janvier 1871, notre cité, contrairement à tant d'autres, ne fut point li-

---

(1) Le Musée de Bernay possède (collection Assegond) une autre toile de cet artiste, qui fut un des élèves les plus distingués de Rigaud, peintre du roi.

vrée au pillage de l'armée allemande, et que, pendant l'occupation qui dura jusqu'au 10 mars, aucun objet du musée constamment fermé, ne fut dérangé ni enlevé par les ennemis.

L'année 1872 fut néfaste pour notre musée, car au au mois de septembre de ladite année, le conservateur, dans une de ses visites, constata avec une grande stupéfaction et une profonde douleur, la disparition du plus précieux joyau de la couronne historique de la vieille cité bernayenne, le sceau de la seconde portion de cette ville appelée la Comté (1)

Ce sceau du XVII° siècle, faisait partie de la collection de M. Assegond, lequel tenait ce legs précieux de son oncle maternel, M. Casimir Prétavoine, ancien maire de la ville de Bernay. Sa soustraction paraît d'autant plus extraordinaire, qu'elle eut lieu sans effraction dans une vitrine fermée à clef.

Il nous reste heureusement plusieurs empreintes à la cire de ce sceau mentionné dans le remarquable ouvrage de notre savant maitre et ami M. A. Canel, l'*Armorial des villes et corporations de la Normandie*, ainsi que dans l'intéressant travail de M. A. Gardin, *Les anciennes divisions du vieux Bernai.*

---

(1) Depuis le XI° siècle jusqu'à la Révolution, la ville de Bernay fut divisée en deux portions distinctes : la première, la plus ancienne, appelée la BARONNIE, comprenait l'abbaye et la paroisse de Sainte-Croix ; ses armoiries primitives étaient celles de la maison de Bretagne, en mémoire de la princesse Judith, fondatrice du monastère.

La deuxième portion, la COMTÉ, ainsi appelée parce qu'elle appartenait au comté d'Alençon, comprenait la paroisse de N.-D. de La Couture et avait adopté pour armoiries celles des Mongommery. L'emblème héraldique actuel est donc incomplet et inexact et le blason historique et authentique de la ville doit être ; deux écus accolés ; celui de dextre portant les armoiries de Bretagne : *d'argent semé d'hermines*, timbré d'un tortil de baron et posé sur une crosse abbatiale en pal ; celui de senestre portant les armoires des Montgommery, telles qu'elles étaient gravées sur le sceau enlevé : *d'azur, au lion rampant d'or, armé et lampassé d'argent* (la queue non fourchue), timbré d'une couronne de comte.

Une de ces empreintes a été récemment très-habilement reproduite sur deux pièces de céramique par un artiste des ateliers de Mme veuve Porquier, à Loc-Maria de Quimper.

Justement ému de l'enlèvement inexplicable de ce sceau, M. le conservateur, par une lettre datée du 7 octobre, en informa immédiatement l'administration municipale ; mais, fait aussi étrange que les précédents, aucune enquête ne fut ordonnée et la lettre du conservateur auquel, entre parenthèse, on ne fit pas l'honneur d'une réponse, cette lettre n'a même pas été conservée dans le dossier des archives municipales consacré au musée, dans lequel nous l'avons vainement cherchée !

L'accueil accordé à la réclamation ci-dessus ; l'indifférence et l'abandon plusieurs fois manifestés ostensiblement par l'administration municipale pour l'œuvre de prédilection de M. Assegond, œuvre à laquelle il portait une affection que comprennent seuls ceux qui, comme lui ayant le feu sacré pour tout ce qui se rattache à la gloire des arts et de leur pays, ont recueilli au prix de peines infinies et avec une patience dont ils ont le secret, ces objets dont un certain nombre font fi ; œuvré pour laquelle M. Assegond, dont on connaît la générosité et le désintéressement, eût fait les plus grands sacrifices pour la voir croître et progresser. En présence disons-nous, du peu de sympathie qu'il rencontra là d'où précisément devaient partir les encouragements et l'initiative, M. Assegond prit le parti, et nous n'osons l'en blâmer de serrer les cordons de son escarcelle, de diminuer son zèle incompris et de réserver pour ceux qui savent être appréciateurs, bienveillants et reconnaissants, ces raretés qu'il sut toujours trouver avec tant de bonheur et que détiennent aujourd'hui des amateurs privilégiés.

Voilà comment depuis sa naissance notre musée n'a

pris aucune importance au point de vue local ;
voilà pourquoi nous avons à déplorer la perte de pièces
céramiques hors ligne dont la ville de Rouen, entr'autres collections est fière ; voilà pourquoi le superbe album dont nous avons parlé, ainsi que de beaucoup
d'autres objets, ne figurent point là où leur place était
marquée à l'avance.

La perte du sceau ne fut point compensée, à nos yeux,
par l'important envoi de 9 tableaux provenant du Louvre,
que l'Etat fit au musée au mois de novembre, sur la de
mande faite par l'Administration trois mois auparavant
sur la proposition de M. Malbranche

Réouvert seulement en septembre 1873, à l'occasion
du concours agricole tenu à Bernay, notre musée fut
fermé peu après jusqu'en 1875.

En 1874, les dons consistèrent en un tableau et en
une statue en marbre ; en 1875, en divers objets d'art ;
céramique et bronzes provenant de la collection Campana, le tout envoyé par l'Etat.

Depuis 18 mois, le musée était fermé, lorsque le 25 février 1875 : « M. le maire — lisons-nous dans le registre
des délibérations du conseil municipal. — « expose
« que depuis la guerre, le musée de la ville n'a point
« été ouvert au public, *par suite du désordre que le*
« *passage des troupes allemandes a occasionné dans les*
« *salles qui y sont affectées.*

« Qu'il serait intéressant, surtout pour l'époque de la
« foire fleurie de procéder à la *réorganisation* de cette
« collection.

« Qu'il convient de nommer une commission à cet
« effet, etc.

Le texte ci-dessus, renferme une inexactitude qui,
sous plusieurs rapports, est d'une certaine importance

et nous nous permettons de la rectifier : pendant l'occupation prussienne, il n'y eut, nous l'avons déjà dit, aucun désordre ni pillage dans la salle affectée à la collection Assegond qui seule à proprement parler constituait alors le musée et qui fut constamment fermée pendant la guerre le seul désordre, si on veut l'appeler ainsi, qui eut lieu fut le dépôt dans cette salle, des tableaux et objets garnissant celle de gauche, dont on avait fait un corps de garde. La collection du musée était donc restée intégralement dans le même état depuis 1866 ; ce fait fut constaté lors de la réouverture qui eut lieu à l'occasion du concours agricole tenu les 19, 20, 21 et 22 septembre, 1873, et une notice historique sur le musée publiée à ce moment confirme pleinement qu'il n'y eut pas lieu en 1875, de *réorganiser* cette collection qui n'était nullement en *désordre* ; car les objet qui y avaient été déposes en 1870 avaient été replaces en 1873, pour l'exposition artistique qui fut organisée spontanément et qui nous mérita la première réouverture du musée depuis la guerre.

Rappelons, comme preuve confirmative, qu'une médaille d'argent fut alors accordée à M. Assegond pour *l'organisation du musée* ; il est donc clairement et indiscutablement établi que le musée était en 1873, et par la même en 1875, parfaitement organisé et que le passage des troupes allemandes ne causa ni désordre dans le classement des pièces, ni aucun vide dans leur nombre.

L'année 1875 fut fertile en dons : l'Etat envoya plusieurs objets d'art, céramique, bronzes et tableaux ; mais l'offrande la plus importante fut celle de la collection géologique composée par M. Rondeaux, de Rouen, et offerte le 10 mars, par M. Join-Lambert, son petit-fils.

La collection Rondeaux, classée par les soins de M Guillemette, professeur au collège, aidé par M. Bouteillier, géologue émérite qui offrit un certain nombre d'échantillons, se divise en quatre groupes distincts : les coquilles vivantes, les minéraux proprement dits, les roches et les fossiles, formant un ensemble de plus de 2,000 pièces, indépendamment des doubles et de quelques échantillons de coraux et de reptiles.

N'oublions pas une curieuse vitrine d'antiques ornés des étiquettes écrites de la main de M. Rondeaux, et dont la mise en ordre fut faite par M. le conservateur.

La réouverture publique et définitive du musée, *resté fermé pendant deux ans et demi*, eut lieu le 28 mars 1876, année entièrement stérile en dons.

L'année 1877 fut plus fructueuse, mais sans résultat profitable ; voici comment :

Un enfant de Bernay, M. Auguste Gérard, commis-greffier, au tribunal de la Seine, mourut à Paris le 8 mars 1877 ; par son testament, il légua : 1° à la bibliothèque de sa ville natale, tous ses livres en général, ses cartes, ses plans, toutes ses poésies et *plusieurs vues de Bernay* ; 2° au musée, tous ses tableaux anciens et modernes.

L'examen peut-être un peu superficiel des objets légués ne fut malheureusement pas favorable à l'adoption de ce legs, et le Conseil municipal, dans sa séance de juillet, considérant que le legs Gérard ne présentait aucun avantage pour la ville, que loin de là, il serait l'occasion de dépenses assez considérables, fut d'avis qu'il n'y avait point lieu d'accepter ce legs.

Ce rejet, peut-être trop sévère, à singulièrement affligé ceux qui s'intéressent au musée de Bernay, et qui avaient connu Gérard ; il y a en effet lieu de craindre que parmi ces objets examinés en bloc et reconnus *sans valeur et dans le plus mauvais état*, il ne s'en soit trouvé plusieurs, un seul même qui eut compensé et au delà les frais d'envoi en possession.

M. Gérard, était en effet intimement lié avec M. Auguste Le Prevost dont il était, paraît-il le fils adoptif ; de plus, Gérard était quelque peu peintre, antiquaire et connaisseur, or, n'est-il pas possible que parmi ses livres en désordre, dans ses cartons et dans ses papiers, il ne se soit trouvé des documents précieux pour l'histoire de Bernay ; vues, documents, ainsi que des tableaux et autres objets pouvant se rattacher à la contrée, dont la perte serait irréparable (1) ; n'est-il pas à craindre, en outre, que ce refus n'ait pour conséquence infiniment fâcheuse, d'empêcher à l'avenir de léguer à notre musée quelques objets qui aux yeux de leurs possesseurs ont toujours un certain prix, et que l'on n'osera pas offrir dans la crainte de les voir repousser avec dédain ?

Nous sommes heureux de terminer cette notice par la mention du dernier don fait au musée, don précieux, non à cause de sa valeur intrinsèque, mais à cause de la délicate attention qui nous l'a méritée, ; nous voulons parler de la belle médaille offerte tout récemment par M. Gouellain, de Rouen, par l'entremise du conservateur.

Cette médaille, chef-d'œuvre de numismatique, reproduit les traits vénérés d'un enfant de la Normandie, feu l'abbé Cochet, homme célèbre par ses vertus et par sa science profonde, et dont l'image figure avec honneur

---

(1) Notre crainte était fondée, car dans le n° 30 du catalogue de livres anciens composant la librairie de M°° veuve Hénaux, à Paris, nous lisons ce qui suit : 167 — BERNAY. (Remarques historiques sur la ville de) 1765, avec note de M. Le Prevost datée de 1826, indiquant que c'est une copie d'un manuscrit appartenant à M. Mesnil. — Précis et doc. histor. sur Bernay, 1830-1848, 2 cahiers in-4 — Paroisse de N.-D. de la Couture de Bernay. — Questions proposées par ordre de Mgr. l'évêque et comte de Lisieux... pour la confection d'un pouillé général des bénéfices du royaume, manuscrit pet. in-fol.

Provenant de la bibliothèque de M. Aug. Gérard, ainsi que les n°° 168 à 175 dudit catalogue.

parmi les produits de la noble et glorieuse industrie de la faïence, à laquelle cet archéologue éminent avait spécialement consacré ses études et ses travaux.

Nous croyons à propos d'ajouter à cette notice quelques observations qui nous paraissent justes et opportunes, et que nous livrons à l'intelligente appréciation de nos administrateurs passés, présents et à venir.

Le but des musées provinciaux ne consiste pas seulement à donner asile au trop-plein des musées nationaux, mais bien et surtout à recevoir les objets d'art ou curieux ayant, comme nous le disions en commençant, u 1 intérêt local particulier, soit au point de vue de l'art, de l'industrie, de l'archéologie et de l'histoire du pays, objets qu'une administration municipale digne de sa mission, doit s'appliquer à rechercher, demander et au besoin acquérir.

Nous savons bien que l'état actuel des finances de la ville de Bernay, ne permet pas de grands sacrifices ; mais, sans porter préjudice aux dépenses d'utilité première, il serait possible et utile même croyons-nous , de réduire certaines dépenses d'agrément, la musique par exemple, dont les résultats sont sans doute très-agréables, mais de trop rare et de trop courte durée pour le prix qu'ils coûtent aux contribuables. (1)

(1) Chacun des rares concerts qu'il nous est donné d'entendre, revient en effet à plus de 300 fr ; c'est vraiment payer un peu cher l'audition de morceaux de musique, jolis sans doute, mais qui sont presque toujours les mêmes.

Nous devons dire à ce sujet, que depuis une époque fort reculée, Bernay a toujours possédé une société de musiciens composée *d'amateurs véritablement artistes*, qui eux, avaient à cœur de se joindre spontanément et sans être une charge pour la ville, à toutes les manifestations populaires ; témoin la magnifique réception qui fut faite le 29 mars 1791, à un célèbre enfant de Bernay, l'évêque Lindet.

Chacun sait que depuis cette époque, il y a toujours eu un corps de musique distingué dont les membres, eux du moins, savaient faire tous les frais de leur charmante institution, et par la même complaire à leurs concitoyens auxquels ils ne demandaient rien. Il est vrai que depuis quelques années l'esprit de la musique s'est singulièrement et déplorablement modifié.

N'eut-il pas été possible, de prélever sur les quelques milliers de francs dépensés depuis 1873 pour notre *chère* musique municipale, quelques centaines de francs qui eussent servi à l'acquisition pour notre musée, d'objets curieux et précieux que nous avons eu la douleur de voir disparaître ; lesquels objets seraient pour tous les habitants de Bernay un motif d'amour-propre et d'orgueil légitime, et pour les étrangers et les touristes un sujet d'attrait qui les amenerait dans nos murs et dont les commerçants reconnaîtraient bien vite les avantages.

En outre, ne serait-il pas préférable d'employer en acquisitions les sommes vraiment importantes déboursées pour l'encadrement, l'emballage, le port, la restauration et l'installation de tableaux envoyés par l'Etat, tableaux encombrants pour la plupart, qui n'ont pour le pays qu'un intérêt tout à fait secondaire et qui, en somme, n'appartiennent nullement à la ville, qui ne les reçoit qu'en dépôt.

En résumé, voici les moyens efficaces à employer pour la prospérité et l'agrandissement du musée qui *doit* répondre à la réputation de notre ville :

1º Répartition plus égale des dépenses d'agrément, ce qui permettra, sans grever aucunement le budget, de voter chaque année 200 à 300 francs pour être employés en acquisition d'objets d'art locaux ;

2º Economie des frais accessoires accompagnant chaque envoi de l'Etat ;

3º Démarches à faire par chaque conseiller municipal, pour obtenir de leurs amis et connaissances le don d'objets intéressants ; que chaque membre de l'Administration municipale, prêche d'abord d'exemple et nous lui prédisons qu'il aura des imitateurs ;

4º Publication et vente au profit du musée du livret descriptif des objets le composant. Ce livret, avec le catalogue de la bibliothèque municipale (catalogue actuellement sous presse et qui fera certainement honneur à ses rédacteurs), formerait l'inventaire des richesses artistiques et bibliographiques que possède la ville de Bernay ; et pour que l'œuvre soit complète, il conviendrait d'y ajouter l'inventaire des archives municipales anciennes, travail souvent demandé par l'administration supérieure, mais qui n'a jamais été fait.

Ce que nous souhaitons de tout notre cœur, c'est de voir la ville de Bernay que nous aimons et dont l'histoire a occupé avec bonheur les années que nous avons passées dans ses murs ; c'est de voir disons-nous, cette jolie ville normande qui possède un cours public de dessin et de musique, marcher plus hardiment encore dans la voie du progrès et des beaux arts, afin qu'elle puisse mériter sans restriction cette citation qui termine le bel article de notre compatriote M. Sophronyme Loudier.

« Les cités les plus florissantes, ne l'oublions jamais, sont celles qui se distinguent le plus dans l'industrie, les sciences et les arts »

E. VEUCLIN

LISTE DES DONATEURS AU MUSÉE

AU 1er JANVIER 1878

1°   Mme veuve CH. LENORMAND, de Paris.
2°   l'ETAT.
3°   MM. ASSEGOND, de Bernay.
4°   — l'abbé DUBOIS, ex-vicaire de Sainte-Croix.
5°   — E. FOCET, ancien maire.
6°   — GALOPIN, de Bernay.
7°   — GÉRARD, (legs non acceptés.)
8°   — G. GOUELLAIN, de Rouen.
9°   — JOIN-LAMBERT, de Brionne.
10°   — C. LAIR, de Saint-Léger-de-Rostes.
11°   — C. JOUVIN, de Bernay.
12°   — LEGRIS, de Bernay.
13°   — Ch. LIANDIER, de Paris.
14°   — LOTTIN de LAVAL, de Menneval.
15°   — DE MONTAUT, ex-ingénieur à Bernay.
16°   — G. PULL, de Paris.
17°   — RAFIN, de Bernay.
18°   — RIVIÈRE, de Courtonne-la-Ville.
19°   — VAVASSEUR, de Plasnes.